DIETA LOW CARB

SEMPLICE MANUALE PER PRINCIPIANTI PER DIMAGRIRE VELOCEMENTE, COMPLETA DI MENÙ E PIÙ DI 50 RICETTE FACILI E GUSTOSE DA REALIZZARE

MANUELA ORTOLANI

COPYRIGHT

INDICE

50 RICETTE LOW CARB

PRINCIPI DELLA DIETA LOW CARBS

Molti studi dimostrano che un'indice di massa corporea elevato (BMI) sopra di 30 aumenta il rischio per ammalarsi. Solo per questo motivo è già utile di avere un corporeo normale per vivere una vita lunga e vitale. Un peso normale significa un BMI tra 18.5 e 25. Questo puoi calcolare facilmente e rapidamente con un calcolatore su Internet.

Il tuo corpo è il fondamento per una vita sana e lunga. Ma non è solo importante per la tua salute, ma anche per la tua psiche. Perchè ti sentirai più attraente e sicuro di te. Nella maggior parte dei casi questo è il motivo principale per perdere peso. Perchè se ti senti più attraente e sicuro di te, acquisterai automaticamente pìu esperienze positive nella tua vita.

Oggi esistono tante forme di dieta e si perde la panoramica quale dieata potrebbe essere giusta per te. Dopotutto, sai anche che dipende da quanta energia assumi sotto forma di cibo e quanta energia emetti. Per perdere peso, dobbiamo aumentare il dispendio energetico sotto forma di sport e attività fisica o ridurre l'apporto energetico sotto forma di una dieta sana e consapevole. Perchè altrimenti l'energia superflua viene immagazzinata e si sviluppano cuschinetti adiposi.

L'opzione più salutare e più efficace è ovviamente la combinazione di entrambi. Tuttavia, qui in questo libro ci concentriamo su una dieta con i piatti a basso contenuto calorico. Se non hai voglia di fare sport raggiungerai il tuo obiettivo solo con queste ricette. Certamente, ti raccomando di incorporare qualche attività fisica nella tua vita, perchè ci sono studi scientifici che dimostrano che l'attività fisica ti farà vivere una vita più sana, sia fisicamente che mentalmente. Ma se fai già sport, le ricette sono perfette per portare il tuo corpo ad un livello nuovo.

Ti dò molte ricette che puoi facilmente integrare nella tua vita quotidiana. Raggiungerai siccuramente il tuo obiettivo. Se vuoi bruciare i grassi mirati o solo una perdità di peso generale. Con queste ricette, ti dò strumenti che puoi usare per realizzare il tuo desiderio di una bella figura con un corpo forte.

Naturalmente questa non è una garanzia, perchè solo tu sei il solo responsabilde delle tue azioni e decisioni. Ma dal momento che hai già preso la decisione di acquistare questo libro, sei già sulla buona strada per raggiungere i tuoi obiettivi.

50 RICETTE LOW CARB

LA COLAZIONE FRUTTATA

- 45 minuti - semplice

Ingredienti (due persone):

- 300 g di yogurt
- 60 g di marmellata
- 100 g di fragola
- 100 g di mirtillo
- 40 g di mandorla

La preparazione:

1. Mescolate lo yogurt e la marmellata.
2. Lavate le frutte e tagliatele a pezzettini piccolo.
3. Mescolate bene tutti ingredienti.
4. Apparecchiate la tavola e buon appetito.

SMOOTHIE CON AVOCADO

- 15 minuti - semplice

Ingredienti (per 2 persone):

- 1 avocado
- 1 arancia
- 10 lamponi
- 4 cubetti di ghiaccio
- 3 cucchiai succo di limone

Preparazione:

1. Avvolgete l'avocado e tagliatelo a pezzetti.
2. Spremete l'arancia e mettetela in una piccola ciotola.
3. Mettete tutti gli ingredienti in un frullatore e mescolate.
4. Aggiungete acqua se necessario.
5. Mettete tutto in un bicchiere e buon appetito.

INSALATA DI FORMAGGIO

- 15 minuti - semplice

Ingredienti (due persone):

- 3 cucchiai di balsamico
- 1 cucchiaio di senape
- 1 cucchiaio di miele
- 1 cipolla
- 3 cucchiai di olio d'oliva
- 200 g di insalata verde
- 200 g formaggio caprino
- 1 cetriolo
- sale e pepe

La preparazione:

1. Preparate una ciotola con olio d'oliva, balsamico, sale, pepe, miele e senape.
2. Pulite l'insalata verde e tagliatela a pezzettini.
3. Tagliate il formaggio e il cetriolo a dadini piccolissimi.
4. Mescolate bene tutti ingredienti.
5. Apparecchiate la tavola e buon appetito.

SUPPA DI PISELLI

20 minuti semplice

Ingredienti (due persone):

- 200g piselli
- 200g carote
- ½ cipolla
- ½ carota
- ½ rapa
- 1 cucchiaino olio d'oliva
- Sale e pepe

La preparazione:

1. Lavate le carote, cipolla, rape e patate, sbucciate e tagliate a pezzetti.

2. Portate ad ebollizione i piselli con 1 litro d'acqua.
3. Aggiungete le patate e le altre verdure.
4. Portate ad ebollizione e condite tutto.
5. Aggiungete l'olio d'oliva e mescolate il tutto con un frullatore.
6. Adesso rimetti tutto nella pentola e fate bollire la zuppa.

BROCCOLI CON PROSCIUTTO

- 25 minuti - semplice

Ingredienti (due persone):

- 500 g di broccoli
- 1 cipolla
- 120 g di prosciutto
- 1 cucchiaio di olio d'oliva
- 50 ml di brodo
- 50 g di parmiggiano
- sale e pepe

La preparazione:

1. Pulite il broccolo e tagliatelo a pezzettini piccolissimi.
2. Tritate la cipolla e tagliate il prosciutto a dadini piccoli.

3. Scaldate una padella con olio d'oliva e mettete la cipolla e il prosciutto in padella.
4. Aggiungete il broccolo e il brodo e lasciate stufare due minuti.
5. Aggiustate sale e pepe e mescolate bene.
6. Apparecchiate la tavola e buon appetito.

MUSLI VEGANO

10 minuti semplice

Ingredienti (due persone):

- 200g latte di soia
- 10g cranberries
- 1 cucchiaio noce di cocco essiccata
- 1 kiwi
- 1 banana
- 1 mela
- 5 cucchiaio musli

La preparazione:

1. Mettete lo yogurt di soia in una ciotola
2. Sbucciate kiwi, banana, mela e tagliateli a pezzetti.

3. Metti tutto in una ciotola e mescola.
4. Apparecchiate la tavola e buon appetito.

ZUCCA IN PADELLA

- 30 minuti - semplice

Ingredienti (due persone):

- 700 g di zucca
- 200 g di pomodorino
- 200 g di parmiggiano
- 50 g di pesto genovese
- 2 cucchiai di oglio d'oliva
- sale e pepe

La preparazione:

1. Tagliate la zucca a pezzettini piccolissimi e mettetela in una pirofila.
2. Aggiungete l'olio d'oliva, sale e pepe e infornate a 180°C per 25 minuti.

3. Aggiustate il parmiggiano e infornate ancora 5 minuti.
4. Tagliate i pomodorini a dadini piccoli e aggiustate in pirofila pure.
5. Decorate il piatto con pesto genovese.
6. Apparecchiate la tavola e buon appetito.

UOVO STRAPAZZATO DI ASIA

- 15 minuti - semplice

Ingredienti (due persone):

- 1 zenzero
- 1 cipolla
- 3 uova
- 3 cucchiai di latte di cocco
- 100 g di germogli
- sale e pepe

La preparazione:

1. Tritate lo zenzero e la cipolla a pezzettini piccolissimi.
2. Mettete le uova e il latte di cocco in ciotola e aggiustate sale, pepe e zenzero e mescolate bene.

3. Scaldate una padella con olio d'oliva e mettete il composto d'uova e mescolate bene.
4. Lavate i germogli e decorate il piatto.
5. Apparecchiate la tavola e buon appetito.

PESCE CON VERDURE

- 30 minuti - semplice

Ingredienti (due persone):

- 50 g di filetto di pesce
- 1 zucchine
- 1 paprica
- 1 cipolla
- 100 g di broccoli
- 500 ml di latte di cocco
- ¼ di zenzero
- 2 cucchiai di olio d'oliva
- 1 spicchio d'aglio
- sale e pepe

La preparazione:

1. Tagliate il filetto di pesce a pezzettini piccoli e salate e pepatelo.
2. Tritate la cipolla e lo spicchio d'aglio a dadini piccolissimi.
3. Pulite le verdure e tagliatele a pezzettini.
4. Scaldate una padella con olio d'oliva e aggiungete le verdure, la cipolla e l'aglio.
5. Aggiustate sale e pepe e mescolate bene.
6. Aggiungete il latte di cocco, lo zenzero e i pezzettini di pesce e lasciate stufare il composto 5-10 minuti.
7. Apparecchiate la tavola e buon appetito.

ZUCCHINE IN PADELLA

- 10 minuti - semplice

Ingredienti (due persone):

- 3 zucchine
- 2 uova
- 2 mozzarelle
- sale e pepe
- 8 pomodorini
- 4 cucchiai di olio d'oliva

La preparazione:

1. Pullite le zucchine e tagliateli a dadini piccolissimi.
2. Scaldate una padella con olio d'oliva e aggiungete i dadini di zucchine.
3. Tagliate le mozzarelle a pezzettini e tagliate in due i pomodorini.

4. Salate e pepate le zucchine e aggiungete le uova e le
   mozzarelle in padella.
5. Apparecchiate la tavola e decorate il piatto con i pomodorini.
6. Buon appetito.

PANE LOW CARB

- 120 minuti - medio

Ingredienti (due persone):

- 300 g di ricotta
- 8 uova
- 100 g di mandorla
- 100 g di seme di lino
- 2 cucchiai di farina
- 1 confezione di bicarbonato di sodio
- 1 cucchiaio di sale
- 2 cucchiai di semi di girasole
- burro

La preparazione:

1. Mettete la ricotta, le uova e la confezione di bicarbonato di sodio in ciotola e mescolate bene.
2. Aggiungete gli altri ingredienti e mescolate ancora una volta.
3. Ingrassate una teglia con burro e aggiungete la pasta con i semi di girasole.
4. Infornate a 150°C per 90 minuti.
5. Lasciate raffreddare la pane e apparecchiate la tavola. Buon appetito.

PANCAKE LOW CARB

- 15 Minuten - semplice

Ingredienti (Low Carb):

- 1 banana
- 2 uova
- l'olio di cocco
- quasiasi frutto

La preparazione:

1. Passate le uova con la banana con un frullatore.
2. Scaldate una padella con olio di cocco e aggiungete ¼ del composto con un ramaiolo in padella e lasciate cuocere.
3. Decorate il Pancake con le frutte e apparecchiate la tavola. Buon appetito.

MUSLI CON FRAGOLE E MANDORLE

- 75 minuti - medio

Ingredienti (due persone):

- 150g fiocchi dávena
- 30g seme di lino
- 30g anacardo
- 30g noce di cocco essiccata
- 30g mandorle
- 50g fragole
- 2 cucchiaio d´acqua
- ½ cucchiaio olio vegetale
- 50ml sciroppo d´acero

La preparazione:

1. Mettete l'acqua minerale con olio vegetale in sciroppo d'acero in una ciotola e mescolatela.

2. Mettete la farina d'avena e il cocco grattugiato in un'altra ciotola e mescolateli.
3. Tritare le mandorle e mettetele nella seconda ciotola e mescolateli.
4. Mescolate entrambe le ciotole insieme.
5. Preriscaldare il forno a 125 gradi.
6. Cuocere il musli per circa 60 minuti.
7. Infine mescolate le fragole in musli.

BROWNIES LOW CARB

- 55 minuti - medio

Ingredienti (due persone):

- 50 g di burro
- 30 g du cioccolata fondente
- 40 g di cacao in polvere
- 2 uova
- 40 g di farina di mandorle
- ½ cucchiaino di bicarbonato di sodio
- 1 punta del coltello di stevia

La preparazione:

1. Separate il giallo d'uovo e il chiaro dell'uovo. Battete il chiaro dell'uovo.
2. Tagliate la cioccolata a pezzettini piccoli e mettetela con il burro in pentola scaldata.

3. Aggiungete il cacao in polvere e gli altri ingredienti e mescolate bene.
4. Mettete la pasta in forno statico e infornate a 180°C per circa 20-25 minuti .
5. Apparecchiate la tavola e buon appetito.

FILETTI DI MANZO CON INSALATA DI FAGIOLI

- 35 minuti - medio

Ingredienti (due persone):

- 2 filetti di manzo
- 200 g di fagioli
- 1 cipolla
- 3 cucchiai di aceto di vino bianco
- 6 cucchiai di olio d'oliva
- sale e pepe

La preparazione:

1. Lavate i fagioli e metteteli 2 minuti in pentola con acqua bollente e salata.
2. Tagliate la cipolla a dadini piccolissimi.

3. Preparate una ciotola piccola con olio d'oliva, aceto di vino bianco, sale e pepe e mescolate bene.
4. Scaldate una padella con olio d'oliva e aggiungete i filetti di manzo e aggiustate sale e pepe.
5. Mescolate i fagioli con il composto della ciotola.
6. Apparecchiate la tavola e buon appetito.

INSALATA DI ZUCCHINE

- 20 minuti - semplice

Ingredienti (due persone):

- 1 spicchio d'aglio
- 400 g di zucchine
- 100 g gamberetti
- 2 cucchiai di balsamico
- 1 cucchiaio di olio d'oliva
- sale e pepe

La preparazione:

1. Tritate lo spicchio d'aglio a pezzettini.
2. Preparate una ciotola con balsamico, aglio, olio d'oliva, sale e pepe.

3. Pulite le zucchine e tagliateli a dadini piccolissimi.
4. Mescolate bene tutti ingredienti.
5. Apparecchiate la tavola e buon appetito.

PORRIDGE DI AVENA E FRUTTA

- 15 minuti - semplice

Ingredienti (due persone):

- 350ml latte di soia
- 150ml acqua
- 40g fiocchi d'avena
- 1 pizzico di sale
- 1 pacco di zucchero vanigliato
- Frutta di tua scelta
- Nettare di agave
- Noci di tua scelta

La preparazione:

1. Mettete tutti gli ingredienti in una padella e cuoceteli per 5 minuti

2. Adolcire un po con nettare di agave.
3. Tagliate la frutta di tua scelta in piccoli pezzi.
4. Mettete il porrdigde finito in due ciotele e decoratelo con le noci.
5. Apparecchiate la tavola e buon appetito.

CREMA DI POMODORI E LENTICCHIE

- 15 minuti - semplice

Ingredienti (due persone):

- 300g lenticchi
- 100g pomodori secchi
- ½ spicchio d'aglia
- 2 cucchiaini concentrato di pomodoro
- 1 cucchiaio balsamico
- 2 cucchiai olio d'oliva
- 1 pizzico sale e pepe

La preparazione:

1. Mettete tutti gli ingredienti in un frullatore.
2. Passare e condire a piacere.
3. Apparecchiate la tavola e buon appetito.

CIALDA VEGANA

- 25 minuti - semplice

Ingredienti (due persone):

- 120g margarina vegana
- 1 pizzico Stevia
- 25ml acqua
- 250ml latte di soia
- 25g mousse di mele
- 2 cucchiaino farina di soia
- ½ cucchiaio lievito

La preparazione:

1. Mescolate la stevia e il mandarino in una ciotola.
2. Mescolate la salsa di mele e la farina di soia.
3. Mescolate il lievito, il latte di soia e l'acqua.

4. Mescolate l'impasto con il frullatore in modo che sia cremosa e liscia.
5. Cuocete l'impasto nella piastra e formate delle cialde.
6. Apparecchiate la tavola e buon appetito.

LA FRITTATA CON SALMONE E CETRIOLO

- 40 minuti - semplice

Ingredienti (due persone):

- 80 g di salmone affumicato
- 1 cetriolo
- 5 uova
- 25 ml di panna
- 1 cucchiaino di prezzemolo
- sale e pepe
- olio d'oliva

La preparazione:

1. Tagliate il salmone e il cetriolo a pezzettini piccoli.
2. Mescolate le uova, la panna e il prezzemolo in ciotola e aggiustate sale e pepe.

3. Scaldate una padella con olio d'oliva e mettete ¼ del composto in padella e arrostitelo per 2-3 minuti.

4. Decorate la frittata con una fetta di cetriolo e di salmone.

5. Apparecchiate la tavola e buon appetito.

INSALATA DI ASPARAGO

15 minuti medio

Ingredienti (due persone):

- 4 cucchiaini balsamico
- 1 cucchiaio senape
- 1 cucchiaino nettare die agave
- 3 cucchiaio olio d´oliva
- 1 cipolla
- 200g pomodori secci
- 200g asparago verde

La preparazione:

1. Sbucciate la cipolla e tagliatela a pezzetti.
2. Preparate una piccola ciotola e aggiungete i 3 cucchiai di olio d'oliva, l'aceto balsamico, la senape, lo sciroppo d'agave e mescolate.

3. Condite con sale e pepe.
4. Scolate i pomodori secchi e lasciateli asciugare.
5. Lavate gli asparagi verdi e tagliate le estremità e fate in tanti piccoli pezzi.
6. Mettete tutti gli ingredienti in un'insalatiera e mescolate bene.
7. Apparecchiate la tavola e buon appetito.

CREMA DI CURRY E TOFU

45 minuti medio

Ingredienti (due persone):

- 30ml yogurt di soia
- 170g tofu
- 1 cucchiaio d'aceto
- ½ cipolla rossa
- 1 cucchiaino polvere di curry
- 25g arachide
- 1 pizzico pepe
- 1 pizzico sale
- 25g uva passa

La preparazione:

1. Asciugate il tofu e cuocetelo.

2. Adesso raffreddate il tofu e tagliatelo a pezzetti.
3. Tritare le cipolle e le arachidi.
4. Mescolate lo yogurt, l'aceto, il curry, il sale, le cipolle, le arachidi, il pepe.
5. Aggiungete il tofu.
6. Adesso conservatelo in frigorifero per 30 minuti prima di mangiare.

WRAPS CON MOUSSE DI MANDORLA

25 minuti medio

Ingredienti (due persone):

- 1 cucchiaio mousse di mandorla
- 2 cucchiaio yogurt di soia
- Sale, pepe, polvere di peperone
- 1 limone
- ½ spicchio d´aglio
- ½ avocado
- 1 pomodoro
- 1 piccola cipolla
- 3 cucchiaio olio d´oliva
- 2 tortilla (prodotto finito)

La preparazione:

1. Spremete un limone e mettete il succo di limone in una ciotola.
2. Aggiungete lo yogurt di sesamo e soia e mescolate.
3. Sbuccia l'aglia e tagliatelo a pezzetti e aggiungetlo.
4. Condite con sale e pepe.
5. Adesso dimezzate l'avocado. Prendete la polpa di una metà con un cucchiaio e tagliata a pezzetti.
6. Sbucciate la cipolla e tagliatela a pezzetti.
7. Aggiungete gli ingredienti trasformati al succo di limone rimanente.
8. Riscaldate le tortillas nel forno per 2 - 3 minuti.
9. Mettete la tortilla sul piatto e distribuite tutti gli ingredienti in modo uniforme sulla tortilla.
10. Piegate la tortilla e goditi il gusto dei gustosi Wraps.

INSALATA DI CAROTE E KIWI

15 minuti semplice

Ingredienti (due persone):

- 3 cucchiaio succo d'arancia
- 1 cucchiaino nettare di agave
- 2 carote
- 1 mandarino
- 1 kiwi
- 30g mandorle tritate
- Sale e pepe
- 2 cucchiaio olio d'oliva
- 2 cucchiaio balsamico

La preparazione:

1. Sbucciate le carote, il kiwi e il mandarino e tagliateli a pezzetti.

2. Preparate una piccola ciotola e aggiungte il succo d'arancia, lo sciroppo d'agave, il sale, il pepe, l'olio d'oliva e l'aceto balsamico e mescolate bene.
3. Adesso mettete tutti gli ingredienti in una grande insalatiera e mescolate.
4. Servite l'insalata e buon appetito.

MINESTRONE DI LENTICCHIE E PATATA DOLCE

40 minuti medio

Ingredienti (due persone):

- 50g lenticchie
- 200g patata dolce
- ½ cipolla
- ½ spicchio d'aglio
- ½ carota
- 1 pizzico sale
- 1 cucchiaio olio d'oliva
- 1 pizzico pepe
- Brodo vegetale

La preparazione:

1. Lavate le patate dolci, cipolle, spicchi d'aglio e carote, sbucciare e tagliateli a pezzetti.
2. Scalda leggermente una padella con l'olio d'oliva e aggiungete gli ingredienti finemente tritati. Lasciate sobbollire per 5 minuti.
3. Aggiungete il brodo e mettete le lenticchie nella pentola.
4. Aggiungete sale e pepe.
5. Adesso cuocete a velocità media per 20 minuti.

SUPPA DI FAGIOLI

35 minuti medio

Ingredienti (due persone):

- 1 scatola fagioli bianchi
- 1 cipolla
- 1 cucchiaino nettare di agave
- 3 cucchiaio olio d'oliva
- •1 spicchio d'aglio•20ml vino bianco
- 300ml acqua
- 1 cucchiaio limone concentrato
- Sale

La preparazione:

1. Mettete la lattina di fagioli in un colino e scola.
2. Sbucciate la cipolla e tagliala a pezzi piccoli.

3. Accendete una pentola con un cucchiaio di olio d'oliva e aggiungete lo sciroppo d'agave.
4. Sbucciate lo spicchio d'aglio, tritarli finemente e aggiungete.
5. Sfregate il tutto con il vino bianco e aggiungete l'acqua.
6. Adesso cuocete i contenuti nella pentola per 10 minuti.
7. Dopo un po', aggiungete il succo di limone e il sale alle erbe per condire.
8. Mescolate regolarmente.
9. Dopo 10 minuti la zuppa finita.

INSALATA DI POMODORI

15 minuti semplice

Ingredienti (due persone):

- 2 pomodori gandi
- 2 cipolla
- 200g pomodoro d'insalata
- 2 cucchiaio balsamico
- 2 cucchiaio senape
- 1 spicchio d'aglio
- 2 cucchiaio olio d'oliva
- Sale e pepe

La preparazione:

1. Lavate i pomodori e tagliateli a pezzetti.
2. Sbucciate le cipolle e tagliatele a pezzetti.

3. Lavate i pomodorini e tagliateli a metà in piccoli pezzi.
4. Preparate una piccola ciotola e aggiungete l'aceto balsamico, la senape, l'olio d'oliva, sale e pepe e mescolate.
5. Mettete tutti gli ingredienti finiti in una grande insalatiera e mescolate bene.
6. Servite l'insalata e buon appetito.

RATATOUILLE

25 minuti medio

Ingredienti (due persone):

- 1 cipolla
- 1 spicchio d'aglio
- 1 peperone rosso
- 1 zucchina
- 1 pomodoro
- 2 cucchiaio olio d'oliva
- 100ml brodo vegetale
- Sale, pepe e rosmarino

La preparazione:

1. Lavate le cipolle e l'aglio, sbucciatele e tagliatele a pezzetti.

2. Lavate le zucchine, i peperoni e il pomodoro e tagliateli a fettine.
3. Riscalda la padella con olio d'oliva e lasciate cuocere gli ingredienti per 5-10 minuti.
4. Aggiungete il brodo vegetale e condite con sale e pepe.
5. Fate bollire di nuovo tutto per 5 minuti.
6. Decorate con rosmarino e buon appetito

QUINOA MESSICANA

20 minuti semplice

Ingredienti (due persone):

- 450 ml acqua
- 180g quinoa secca
- 200g mais
- 220g fagioli
- 100ml salsa
- 1 cucchiaio olio d'oliva
- 1 cucchiaino limone concentrato
- ½ spicchio d'aglio
- Polvere di peperone, origano, sale, pepe

La preparazione:

1. Cuocete la quinoa secondo le istruzioni.
2. Quando la quinoa è pronta, preparate tutti gli altri ingredienti.
3. Mettete tutti gli ingredienti in una ciotola e aggiungete alla quinoa finita.
4. Apparecchiate la tavola e buon appetito.

CREMA VERDE DI CURRY E CAVOLFIORE

30 minuti medio

Ingredienti (due persone):

- ½ cavolfiore
- 150 ml latte di mandorla
- 1 cucchiaio pasta di curry
- 1 cucchiaino salsa di soia
- 40g rosmarino
- 1 spicchio d'aglio
- ½ cucchiaio sale di mare

La preparazione:

1. Mettete il cavolfiore in una padella con acqua sufficiente e coprire con un coperchio.

2. Cuocete il cavolfiore per 10 minuti.
3. Mescolate il latte di mandorla, la pasta di curry, lo spicchio d'aglio, la salsa di soia e il sale con il cavolfiore finito in un frullatore fino ad ottenere una massa liscia.
4. Apparecchiate la tavola e buon appetito.

MINESTRONE DI VERDURE

25 minuti semplice

Ingredienti (due persone):

- 600ml acqua
- 2 spicchio d'aglio
- Balsamico Bianco
- 100g tofu
- 300g verdura congelata
- 1 cucchiaino senape
- Sale e pepe

La preparazione:

1. Bollite l'acqua in una casseruola.
2. Sbucciate gli spicchi d'aglio e tagliateli a pezzetti e condite con sale e aceto balsamico.

3. Tagliate il tofu affumicato a cubetti.
4. Aggiungete le verdure all'acqua e cuocete a fuoco medio.
5. Mescolate la senape e le spezie.
6. Condite la zuppa e conditela se necessario.
7. Apparecchiate la tavola e buon appetito.

INSALATA DI AVOCADO

12 minuti semplice

Ingredienti (due persone):

- 250g fagioli bianchi
- 100g pomodori d'insalata
- 1 cipolla rossa
- Prezzemolo
- 1 avocado
- 2 cucchiaio balsamico
- 1 cucchiaino nettare di agave
- 2 cucchiaio olio d'oliva
- Sale e pepe

La preparazione:

1. Scolate i fagioli.

2. Lavate e dimezzate i pomodori.
3. Dimezzate l'avocado e rimuovete il nucleo. Prendete la polpa con un cucchiaio e tagliata a pezzetti.
4. Mettete tutti gli ingredienti in una ciotola e mescolate.
5. In una piccola ciotola, aggiungete l'aceto balsamico, l'olio d'oliva, lo sciroppo d'agave, sale, pepe e mescolate.
6. Adesso unite tutti gli ingredienti e mescolate bene.
7. Servite l'insalata finita.

CAROTE AL FORNO

55 minuti medio

Ingredienti (due persone):

- 250g carote
- Pizzico stevia
- 1 cucchiaio sciroppo d'acero
- 1 cucchiaio burro vegano

La preparazione:

1. Riscaldate il forno a 200 gradi.
2. Mescolate tutti gli ingredienti in una ciotola e mescolate.
3. Adesso distribuite le carote su una teglia e mettetele nel forno.
4. Coprite le carote sulla teglia e mettetele nel forno per 30 minuti fino a quando le carote non sono state fatte.

5. Togliete le carote dal forno.
6. Apparecchiate la tavola e buon appetito.

INSALATA ESTATE

15 minuti semplice

Ingredienti (due persone):

- 3 cucchiaio limone concentrato
- 1 cucchiaino senape
- 1 spicchio d'aglio
- 2 cucchiani olio d'oliva
- Sale e pepe
- 1 cipolla
- 50g oliva
- 2 pomodoro grande
- 100g tofu

La preparazione:

1. Lavate i pomodori e tagliateli a pezzetti.

2. Sbucciate la cipolla e tagliatela a pezzi piccoli.
3. Preparate una piccola ciotola e aggiungete il succo di limone, la senape, lo spicchio d'aglio, l'olio d'oliva, il sale e il pepe.
4. Tagliate il tofu a cubetti.
5. Mettete tutti gli ingredienti in un'insalatiera e mescotela bene.
6. Servite l'insalata finita e buon appetito.

SMOOTHIE CON ZUCCA E CANNELLA

15 minuti semplice

Ingredienti (due persone):

- 200ml acqua
- 1 banana
- 1 cucchiaino zucca
- ½ zenzero
- 10g seme di zucca
- 1 cucchiaio miele
- cannella

La preparazione:

1. Scolate i fagioli.
2. Lavate e dimezzate i pomodori.

3. Dimezzate l'avocado e rimuovete il nucleo. Prendete la polpa con un cucchiaio e tagliata a pezzetti.
4. Mettete tutti gli ingredienti in una ciotola e mescolate.
5. In una piccola ciotola, aggiungete l'aceto balsamico, l'olio d'oliva, lo sciroppo d'agave, sale, pepe e mescolate.
6. Adesso unite tutti gli ingredienti e mescolate bene.
7. Apparecchiate la tavola e buon appetito.

CAVOLO ROSSO CON MELA E ARANCIA

50 minuti medio

Ingredienti (due persone):

- 200g cavolo rosso
- 1 mela
- 1 arancia
- 1 cucchiaio limone concentrato
- 2 cucchiaio olio d'oliva
- Sale e pepe
- Acqua

La preparazione:

1. Rimuovete il cavolo rosso dalle foglie appassite e tagliate a strisce piccole.
2. Spremete un'arancia e mettete il succo in una casseruola.

3. Aggiungete il cavolo rosso, i pezzi di mela, l'olio d'oliva, il succo d'arancia e il succo di limone nella padella e scaldare leggermente.
4. Aggiungete un po' d'acqua se necessario.
5. Condite con sale e pepe e condite a piacere.
6. Cuocete per circa 30 minuti a fuoco medio.
7. Apparecchiate la tavola e buon appetito.

PATATINE DI CAVOLO RICCIO

45 minuti medio

Ingredienti (due persone):

- 100g cavolo riccio
- 2 cucchiaio olio d'oliva
- Sale

La preparazione:

1. Preparate la cavolo, lavatelo e scolatelo.
2. Rimuovete le singole foglie dal cavolo e posizionateli su una teglia.
3. Distribuite i due cucchiai di olio d'oliva sul cavolo e cospargete di sale.
4. Riscaldate il forno a 150 gradi.
5. Lasciate le patatine nel forno per circa 25-30 minuti.

PASTA ALLE ZUCCHINE CON POLLO

50 minuti semplice

Ingredienti (due persone):

- 300 g di pollo
- 2 zucchine
- 3 pomodori
- 2 cucchiai di oglio d'oliva
- ½ cucchiaino di brodo
- 2 cucchiai di concentrato di pomodoro
- 100 g di formaggio caprino
- sale e pepe

La preparazione:

1. Lavate il pollo e tagliatelo a pezzettini.
2. Mettete i pezzettini in padella scaldata con oglio d'oliva.

3. Lavate gli zucchini e metteteli in uno sbucciatore.
4. Prendete il pollo fuori dalla padella e mettete le zucchine in padella.
5. Aggiungete il brodo con acqua naturale e mescolate bene.
6. Tagliate i pomodori a pezzettini ed aggiungeteli con il pollo ed il formaggio caprino in padella.
7. Aggiustate di sale e pepe.
8. Apparecchiate la tavola e buon appetito.

SALMONE CON BROCCOLI

40 minuti semplice

Ingredienti (due persone):

- 500 g di broccoli
- 150 g di salmone
- 150 ml di panna
- 2 uova
- 50 g di parmiggiano
- sale e pepe

La preparazione:

1. Tagliate il broccolo a pezzetti e metteteli in una pentola con l'acqua appena bollita.
2. Mettete i pezzetti in una pirofila per sformati.
3. Tagliate il salmone sottili e metteteli nella pirofila.

4. Mettete la panna e il parmiggiano in padella e cuoceteli.
5. Aggiungete le uova e mettete sale e pepe in padella.
6. Distribuite il composto di panna nella pirofila.
7. Infornate a 180°C per 30 minuti.
8. Apparecchiate la tavola e buon appetito.

POLLO CON VERDURA

40 minuti semplice

Ingredienti (due persone):

- 350 g di pollo
- 1 zucchina
- 1 cipolla
- 1 paprica
- 300 ml di polpa di pomodoro
- 100 g di formaggio fresco
- 2 cucchiai di concentrato di pomodoro
- 1 spicchio d'aglio
- 100 g parmiggiano
- sale, pepe e oregano

La preparazione:

1. Mettete il pollo in padella con filo d'oglio per 10 minuti alla massima potenza.
2. Aggiustate di sale e pepe.
3. Mettete il pollo in pirofila.
4. Lavate le verdure e tagliatele a pezzettini. Aggiungete le verdure in pirofila.
5. Mettete la polpa di pomodoro in ciotola con sale, peppe e oregano. Aggiungete il formaggio fresco e metette il composto in pirofila.
6. Infornate a 200°C per 25 minuti.
7. Apparecchiate la tavola e buon appetito.

ASPARAGI CON BACON E UOVA

30 minuti semplice

Ingredienti (due persone):

- 2 fettine di bacon
- 6 asparagi
- 2 uova
- ½ bicchiere di acqua
- ½ cucchiaino di brodo
- sale e pepe

La preparazione:

1. Preparate gli asparagi e tagliate i gambi.
2. Scaldate una padella e mettete il bacon in padella.
3. Aggiungete gli asparagi, l'acqua e il brodo in padella e lasciate stufare.

4. Dopo 10 minuti mettete l'uova in padella e aggiustate sale e pepe.
5. Apparecchiate la tavola e buon appetito.

WRAPS LOW CARB

15 minuti semplice

Ingredienti (due persone):

- 100 g di formaggio fresco
- 1 uova
- 100 g di parmiggiano
- 1 cucchiaino di semi di chia
- qualsiasi verdura

La preparazione:

1. Mettete tutti ingredienti (formaggio fresco, uova, parmiggiano, semi di chia) in ciotola e mescolateli bene.
2. Mettete la pasta su una teglia e infornate a 180°C per 15 minuti.

3. Pulite le verdure e tagliatele a pezzetini.
4. Riempite le Wraps con le verdure.
5. Apparecchiate la tavola e buon appetito.

SPAGHETTI AI ZUCCHINI AGLIO ED OGLIO

15 minuti semplice

Ingredienti (due persone):

- 4 zucchine
- 4 spicchi d'aglio
- 4 cucchiai di oglio d'oliva
- 2 cucchiai di crema fraiche
- sale e pepe
- 4 cucchiai di parmigginao

La preparazione:

1. Lavate le zucchine e metteteli in uno sbucciatore.
2. Prendete gli spaghetti di zucchini e metteteli in padella.
3. Tritate gli spicchi d'agio a pezzettini.

4. Mettete i pezzettini in padela scaldata con oglio d'oliva.

5. Aggiungete gli zucchini e scottateli.

6. Dopo 10 minuti aggiungete la crema fraiche e salate e pepate.

7. Apparecchiate la tavola e buon appetito.

SALMONE CON BACON E VERDURE

25 minuti semplice

Ingredienti (due persone):

- 250 g di salmone
- 100 g di bacon
- 150 g di broccoli
- 100 g di zucchine
- 100 g di feta
- 40 g di parmiggiano
- 1 cipolla
- 1 cucchiaino di oglio d'oliva
- sale e pepe

La Preparazione:

1. Pulite il salmone e avvolgetelo con bacon.

2. Pulite il broccolo e le zucchine e tagliateli a pezzettini.
3. Tritate la cipolla a pezzettini piccolissimi.
4. Scaldate una padella con oglio d'oliva e versate il salmone e la verdura.
5. Aggiustate sale e pepe e lasciate stufare.
6. Dopo 10 minuti aggiungete la feta.
7. Apparecchiate la tavola e decorate il piatto con parmiggiano. Buon appetito.

SALMONE CON ACOVADO

10 minuti semplice

Ingredienti (due persone):

- 1 avocado
- 100 g di salmone affumicato
- 30 g di formaggio caprino
- 2 cucchiai di olio d'oliva
- 1 limone
- sale

La preparazione:

1. Tagliate l'avocado in due pezzi e prendete il nucleo e buttatelo via. Togliete la pola di frutto.
2. Mettete tutti gli ingredienti in una ciotola e mescolateli bene con un frullatore.

3. Apparecchiate la tavola e buon appetito.

FRITELLA DI CAVOLFIORE

20 minuti semplice

Ingredienti (due persone):

- 1 cavolfiore
- 1 cipolla
- 2 cucchiai di farina di seme di lino
- 2 uova
- olio d'oliva
- sale

La preparazione:

1. Tagliate il cavolfiore a pezzettini piccolissimi.
2. Metteteli 5 minuti in pentola con acqua bollente.
3. Tritate la cipolla e mettetela con la farina di seme di lino, il sale e le uova in una ciotola.

4. Aggiungete il cavolfiore e mescolate bene.
5. Scaldate una padella con olio d'oliva e mettete un cucchiaio del composto in padella circa 3 – 5 minuti.
6. Arrostite le fritelle circa 3 – 5 minuti.
7. Apparecchiate la tavola e buon appetito.

POLLO CON CURRY E RISO DI CAVOLFIORE

40 minuti semplice

Ingredienti (due persone):

- 300 g di cavolfiore
- 100 g di spinaci
- 2 filetti di pollo
- 3 cucchiai di olio d'oliva
- sale e pepe
- 200 ml di latte di cocco
- 150 ml di brodo
- 3 cucchiai di succo di limone
- 50 ml di acqua

La preparazione:

1. Pulite il cavolfiore e tagliatelo a pezzettini piccolissimi con un frullatore.
2. Mettete i pezzettini in pentola con acqua bollente e lessateli 10 minuti.
3. Pulite gli spinaci e tagliate il pollo a pezzettini.
4. Scaldate una padella con olio d'oliva e scottate la carne.
5. Aggiustate sale, pepe e il succo di limone.
6. Aggiungete il latte di cocco, il brodo, il curry e i pezzettini di cavolfore e mescolate bene.
7. Apparecchiate la tavola e buon appetito.

POLPETTA LOW CARB

10 minuti medio

Ingredienti (due persone):

- 300 g di carne macinata
- 1 cipolla
- 1 cucchiaio di oglio d'oliva
- •1 uovo•80 g di cavolfiore
- 30 g di formaggio fresco
- 20 g parmiggiano
- sale e pepe

La preparazione:

1. Lavate il cavolfiore e passatelo con un frullatore.
2. Tagliate la cipolla e mettetela con il cavolfiore in padella scaldata con oglio d'oliva.

3. Mettete il formagio fresco, l'uova e il parmiggiano in ciotola e mescolateli bene. Aggiungete il cavolfiore con la cipolla e la carne macinata.

4. Formate le polpette con il composto.

5. Mettete le polpette in padella scaldata con oglio d'oliva e arrostitele.

RISO CON CURRY

35 minuti semplice

Ingredienti (due persone):

- 200g riso
- 1 spicchio d'aglio
- ½ cipolla
- 1 peperone rosso
- 2 cucchiaio olio di arachidi
- 1 cucchiaino polvere curry
- 1 cucchiaino pasta di curry
- 100g mais
- 50g piselli
- Sale
- Pepe

La preparazione:

1. Cuocete il riso.
2. Sbucciate e soffriggete la cipolla e l'aglio.
3. Lavate i peperoni e tagliateli a pezzetti.
4. Riscaldate leggermente l'olio di arachidi in una padella e friggete gli ingredienti tritati.
5. Aggiungi anche gli altri ingredienti e il riso.
6. Cuoceteli per 5-10 minuti e buon appetito

GAMBERETTI CON FINOCCHIO

- 25 minuti - semplice

Ingredienti (due persone):

- 2 finocchi
- 3 cucchiai di olio d'oliva
- 150 g di gamberetti
- 1 spicchio d'aglio
- 2 cucchiai di succo di limone
- 100 ml di acqua
- sale e pepe

La preparazione:

1. Pulite i finocchi e tagliateli a pezzettini piccolissimi.
2. Tritate lo spicchio d'aglio e mettete lo spicchio d'aglio e i finocchi in padella scaldata con olio d'oliva.

3. Aggiungete l'acqua e i gamberetti, abbassate il fuoco e lasciate stufare 10 minuti.
4. Aggiustate il succo di limone, sale e pepe e mescolate bene.
5. Apparecchiate la tavola e buon appetito.

CPSIA information can be obtained
at www.ICGtesting.com
Printed in the USA
LVHW080849230621
690733LV00018B/199

9 781803 074870